Willigis Jäger

Finde deinen inneren Weg

Das Buch

Wo finde ich Sinn? Wo ist das Ziel meines Lebens? So fragen viele. Willigis Jäger sagt: Geh den Weg! Der Weg führt dich nach innen. Lass dich nicht leben von anderen. Mach dich selbst auf die Suche. Es gibt eine Wahrheit, die dich im Dunkel der Suche begleitet. Es ist ein Weg ins Offene, in die Freiheit des Herzens. Er bringt dich dem Göttlichen näher und führt dich zurück ins Leben, in den Alltag.

Finde deinen inneren Weg

WILLIGIS JÄGER

HERDER

FREIBURG · BASEL · WIEN

Herder spektrum Band 7181

MIX
Papier aus verantwortungsvollen Quellen
FSC® C106847
www.fsc.org

www.herder.de

Umschlaggestaltung: wunderlichundweigand, Stefan Weigand
Umschlagmotiv: © iStock

Satz: Arnold & Domnick, Leipzig
Herstellung: fgb · freiburger graphische betriebe

Printed in Germany

ISBN: 978-3-451-07181-2

Inhalt

I.

Vier Geschichten

Weg nach innen, Weg nach außen

Ein Mann hackte Holz am Rande eines Waldes und verdiente sich damit seinen Lebensunterhalt. Als ein Einsiedler des Weges kam, fragte er diesen nach einem Wort fürs Leben. Der Einsiedler sagte: „Gehe tiefer in den Wald!" Der Mann ging tiefer in den Wald und fand schöne Bäume, er fällte sie und verkaufte sie als Bauholz. Er wurde wohlhabend. Eines Tages fiel ihm ein, dass der Einsiedler sagte: „Gehe tiefer in den Wald!" Er ging tiefer in den Wald und fand eine Silbergrube. Er baute sie ab und wurde sehr reich. Aber eines Tages fiel ihm ein, der Einsiedler hat ja gesagt: „Gehe tiefer in den Wald!" und so machte er sich wieder auf und ging tiefer in den Wald. Er fand wunderbare Edelsteine (Symbol für Erleuchtung). Er freute sich daran, aber dann fiel ihm das Wort des Einsiedlers ein: „Gehe tiefer in den Wald!" Er machte sich noch einmal auf und ging tiefer in den Wald, und eines Morgens stand er wieder am Waldrand, wo er angefangen hatte, Brennholz zu schlagen.

Ganz gewöhnlich

Ein Schüler lud den Meister zum Festessen ein. Der Meister setzte sich an den Tisch und fing an zu essen. Der fromme Schüler war sehr verwundert, weil der Meister nicht zuerst betete, und fragte ihn nach dem Grund. Die Antwort des Meisters war: „Jeder Atemzug ist für mich Gebet, jeder Schritt und all mein Tun. Warum sollte es mit dem Essen anders sein?“
Im ganz gewöhnlichen Tun möchte dieses unser wirkliches Leben sich verwirklichen.

Im Hier und Jetzt

Es gibt eine alte Geschichte, die in verschiedenen Variationen weitergegeben wird: Eine alte Frau bügelte einen Haufen Wäsche. Da trat der Todesengel zu ihr: „Komm, es ist Zeit! Lass uns gehen!“ Die Frau sagte: „Gut, aber erst muss ich die Wäsche fertig bügeln. Siehst du das ein?“ Der Engel ging. Einige Zeit später kam er wieder. Er traf die Frau, wie sie aus dem Haus ging. Er rief ihr zu: „Komm, es ist Zeit!“ Die Frau antwortete: „Aber erst muss ich ins Altenheim. Da warten Leute auf mich, die von ihrer Familie vergessen sind, kann ich sie denn im Stich lassen?“ Der Engel ging. Einige Zeit später kam er wieder und sagte: „Es ist Zeit! Komm!“Die Frau antwortete: „Ja, ich weiß schon, aber wer bringt meinen Enkel in den Kindergarten, schau doch den Verkehr an. Der Engel seufzte: Also gut, solange dein Enkel nicht allein gehen kann.“ Einige Jahre später saß die Frau am Abend müde am Ofen und dachte: Eigentlich könnte der Engel jetzt kommen; nach all der vielen Arbeit muss die Seligkeit doch recht schön sein. Der Engel kam. Die Frau bat ihn: „Bringst du mich jetzt in die ewige Seligkeit?“ Der Engel fragte: „Und wo, glaubst du, warst du all diese Jahre? Wo glaubst du denn, warst du die ganze Zeit?“

Der Sinn des Daseins ist hier und jetzt. Die Gegenwart ist das Jetzt Gottes. Die Fülle Gottes, die Fülle des Lebens ist hier und heute und nicht erst morgen. Wenn der Mensch „warum“ fragt, vernichtet er den Augenblick und weicht in die Vergangenheit oder Zukunft aus.

Sei, der du bist

Ihr kennt die Geschichte vom alten Rabbi Sussja: Vor dem Ende sprach er: „In der kommenden Welt wird man mich nicht fragen: ‚Warum bist du nicht Mose gewesen?‘ Man wird mich fragen: ‚Warum bist du nicht Sussja gewesen?‘“ – Warum sind wir nicht das, was wir sind, und zwar ganz, einschließlich unserer Schattenseiten und Gebrechlichkeiten? Das setzt voraus, dass wir so auch mit den anderen umgehen und ihnen ihr Sosein lassen.

II.

Entscheidende Fragen

Eine neue Deutung

Als ich mit 6 Jahren in die Schule kam, habe ich gelernt: „Wozu sind wir auf Erden? Wir sind auf Erden, um den Willen Gottes zu tun und dadurch in den Himmel zu kommen.“ Ich brauche heute dazu eine Ergänzung. Wir müssen aus der rationalen Eingrenzung herauskommen. Alle Religionen haben ja drei Ebenen: Eine institutionelle, eine intellektuelle, und alle haben auch eine mystische Ebene. Die katholische Kirche sollte diese mystische Ebene neu entdecken und in den Menschen die Anlage zu dieser Erfahrung wecken.

Die Kernfrage der Menschen heute ist doch: In diesem zeitlosen Universum mit Milliarden von Galaxien, Milliarden von Milchstraßen, aufgebaut in Milliarden von Lichtjahren – was sollen meine paar Jahrzehnte hier? Das ist die Frage, der wir uns zu stellen haben. Darauf gibt uns die Rationalität keine befriedigende Antwort. Die Mystik versucht die Antwort.

Wer sind wir?

Wenn die Saurier nicht ausgestorben wären, hätte der Mensch wohl keine Chance gehabt, zu erscheinen. Wenn der ostafrikanische Graben durch eine Verschiebung der Erdkruste nicht eingebrochen und Ostafrika dadurch versteppt wäre, hätten unsere prähominiden Vorfahren nicht von den Bäumen herunterkommen müssen und sich langsam zu dem entfalten können, was wir heute sind: zu Menschen des 21. Jahrhunderts. Sind wir Zufallsprodukte? Leben wir nur, weil der ostafrikanische Graben eingebrochen ist? Wo ist unser Platz im Kosmos? Was ist der Sinn unserer Existenz auf diesem bedeutungslosen Staubkorn am Rande dieses unvorstellbaren Universums?

Tödliche Gefahr

Unser Egozentrismus hat uns an den Rand der Vernichtung geführt. Was uns bevorsteht, ist die Entbindung aus dieser Ichzentrierung. Wenn wir diese nicht schaffen, haben wir keine Chance zu überleben. Unser Egoismus und Narzissmus sind die Grundübel, die uns zunichte machen können. Noch einmal: Wir verfehlen uns damit nicht gegen ein Gebot, wir verfehlen uns gegen die Grundstruktur der Evolution, die Verbundenheit und Liebe ist. Unser Verhalten ist das einer Krebszelle. Ihr egoistisches Wachstum richtet das Ganze, damit aber auch sich selbst zugrunde.

Die Moral, das „Du sollst" und „Du musst", hat uns keinen Schritt weiter gebracht, wie wir heute erkennen müssen. Seit wir Ich und Du sagen können, haben wir uns gegenseitig bekämpft. Der Mythos von Kain und Abel hat sich in entsetzlicher Weise bewahrheitet. Der Brudermord ist immer noch an der Tagesordnung. Die norwegische Akademie der Wissenschaft hat errechnet, dass seit dem Jahr 3600 vor Christus insgesamt 15 513 Kriege stattfanden. Dabei gab es drei Milliarden und 500 Millionen Tote. Nur 292 dieser rund 5600 Jahre waren ohne Krieg.

Unser Platz im Kosmos

Verzweifelt suchen wir unseren Platz im Kosmos und fragen uns: Wer sind wir eigentlich? Seit wann ist der Mensch eigentlich Mensch? Seit dem Homo habilis, dem Homo erectus, dem Neandertaler? – Der Mensch von heute könnte mit dem Homo erectus wahrscheinlich keine Nachkommenschaft zeugen – so weit ist er von uns entfernt. Der Mensch in einigen Tausend Jahren wird auf uns zurückschauen, wie wir auf den ‚Homo erectus' oder die Affen zurückschauen. Den Menschen gab es nicht und wird es nicht geben.

Unsere Bedeutung liegt im Hier und Jetzt. Jetzt, in dieser Struktur, in dieser Zeit, an diesem Ort möchte, diese Wirklichkeit, die wir Gottheit, Leerheit oder Brahman nennen, über dieses Staubkorn am Rand des Weltalls gehen. Das ist der einzige Grund, warum wir Mensch geworden sind. Das ist unser Adel. Das gibt uns eine einzigartige Bedeutung in diesem Universum: Gott will gelebt werden. Er will jetzt in dieser Form gelebt werden.

Kränkungen

Der Mensch musste in den letzten Jahrzehnten zwei schmerzhafte Kränkungen hinnehmen. Lange hatte unserem Ego der Gedanke geschmeichelt, das ganze Universum sei nur entstanden, damit der Mensch auf der Erde erscheine. Wir sahen den Sinn des Universums darin, kluge Menschen hervorzubringen und waren dabei der Überzeugung, wir könnten mit der Wissenschaft und unserem Verstand diese Welt erklären. Aber je weiter wir in den astrophysischen Raum vordrangen, um so bescheidener wurden wir. Die Frage nach dem Woher und Wohin des Menschen kann uns die Ratio ebenso wenig beantworten, wie sie uns erklären kann, warum er überhaupt nach 15 Milliarden Jahren erschienen ist. Wir müssen enttäuscht zugeben, dass wir eigentlich unbedeutende Wesen sind, die für ein paar Jahrzehnte auf einem ebenso unbedeutenden Planeten am Rande des Weltalls herumlaufen.

Wo suchen?

Wir sind als menschliche Spezies nur ein Wimpernschlag in diesem zeitlosen Universum, eine kurze Episode in diesem gewaltigen, evolutionären, kosmischen Geschehen. Aber dieser Wimpernschlag ist ein einzigartiger Ausdruck des Urgrundes, so dass Meister Eckhart sagen kann: „Wenn ich nicht wäre, wäre Gott nicht." Aus diesem zeitlosen Universum kann nichts herausfallen. Darum hat diese meine Existenz eine unverzichtbare Bedeutung. Darum ist jede Existenz einzigartig. „Gott will gelebt, nicht verehrt werden!"

Unser Hiersein in diesem Leib gleicht einem großen Rätsel. Wir nehmen es als selbstverständlich hin, dass in diesem gewaltigen zeitlosen Universum plötzlich so etwas wie ein geistbegabtes Wesen entstanden ist. Für unseren Verstand ist die Evolution nicht begreifbar. Was wir erforschen, lässt uns nur einen Ausschnitt aus der Fülle unseres Universums erhaschen, vergleichbar mit dem

Blick durch ein Schilfrohr, mit dem wir die unendlichen Weiten des Himmels ergründen wollen.
In uns allen wohnt die unstillbare Sehnsucht, zu verstehen, was unsere Existenz auf unserem Planeten für einen Sinn hat. Aber wo sollen wir suchen?

Die entscheidende Frage

Die Erkenntnis, dass wir nur ein Wimpernschlag sind im zeitlosen Universum, ein Staubkorn der Evolution, diese Einsicht führt zu der entscheidende Fragen: Warum bin ich eigentlich da? Die Antwort der Theologie befriedigt heute nicht mehr. 80% der Leute, die zu uns kommen, sind aus der Kirche ausgetreten. Warum? Sie suchen Antworten auf ihr Leben und finden sie in der Theologie nicht. Die Antwort ist: Wir sind hier und jetzt eine einzigartige, einmalige, unverwechselbare Ausdrucksform dieses Urgrundes, der Liebe ist und dem wir den Namen Gott gegeben haben. Ich bin ungeheuer wichtig als das, was ich jetzt bin. Und gleichzeitig – bezogen auf das ganze Universum – so unwichtig wie nur irgendetwas. Aber hier und jetzt habe ich Mensch zu sein, ganz dieser Mensch zu sein, der ich bin. Ich habe mein Leben zu feiern und zu leben. Denn ich bin der/die Gelebte. Da lebt sich ein Urgrund als das, was ich bin. Ich habe zu begreifen, dass ich nicht nur dieser Vordergrund

„Mensch“ bin, sondern auch dieser Urgrund, aus dem heraus ich komme. Mystik versucht uns zu sagen: Es gibt einen Urgrund, einen Hintergrund, aus dem heraus unser Leben kommt. Ich bin auch mehr als meine Personalität. Die Ebene einer individuellen Personalität und Rationalität wird verschwinden, wenn wir sterben. Was bleibt, ist ein zeitloses Leben, das weitergehen wird.

Unser Ich – ein verstimmtes Instrument

Die spirituellen Wege erheben den Anspruch, uns zu sagen: Dieses Ich ist nichts Festes, ja, es ist ein Phantom. Es besteht aus Abläufen, die durch unser Gedächtnis zusammengehalten werden und uns Stabilität vorspiegeln. Es ist ein Organisationszentrum, das zu unserem Menschsein gehört, wie der Instinkt. Ohne dieses Zentrum wären wir keine Menschen. Wenn dieses Zentrum bei einem psychisch kranken Menschen ausfällt, vegetiert er nur noch dahin. Es ist ein Instrument, auf dem unser wahres Wesen spielt. Aber dieses Instrument kann gehörig verstimmt sein.

III.

Weisheit – echtes Erkennen

Das Dahinter – was alles übersteigt

Als Kind von 6 oder 7 Jahren habe ich in der Kirche eine ganz tiefe Erfahrung gemacht. Hinten haben Frauen den Rosenkranz gebetet. Vor dem Licht vorne war das Allerheiligste ausgesetzt. Ich wusste plötzlich: Da ist noch etwas, dahinter, was das alles übersteigt. Ich konnte diese Erfahrung nicht deuten, aber die Offenheit für eine transrationale Ebene hat mich getragen: durch meine Jugend hindurch, im Kloster, in der Begegnung mit dem Zen, in der Zeit der Konflikte mit dem kirchlichen Lehramt.

Mehr als Denken

Es ist schwierig, einem anderen klar zu machen, was ich immer wieder erfahren habe: dass unsere wahre Existenz und wirkliche Identität viel umfassender sind als unser kleines Ich-Bewusstsein und dass dieses ‚Ich' nur ein Organisationszentrum ist für ein viel größeres Bewusstsein. Man erwacht plötzlich und findet sich mitten unter anderen Menschen in einer anderen Welt, in einer viel klareren und bedeutsameren Welt. Dinge und Menschen haben sich nicht geändert und sind doch anders. Die Erfahrung ist manchmal kurz, manchmal länger. Sie geht und kommt, aber sie hinterlässt eine tiefe Gewissheit: Leben ist mehr als Denken. Denken ist eine kostbare Gabe, aber sie grenzt auch ein.

Grenzen der Rationalität

Die rationale Ebene macht uns zu Menschen. Sie ist positiv, aber auch eine Eingrenzung. Sie lässt uns eine ganz bestimmte Welt kreieren, in der wir leben. Aber Wirklichkeit ist nicht mit dieser Welt identisch, sie ist viel umfassender, gewaltiger. Sie übersteigt unsere Rationalität und Personalität. Hier setzt Mystik ein: „Gott will gelebt werden."

Einseitig und Einheit

Wenn der Verstand ein Lineal anschaut, muss er zwei Seiten betrachten. Eine ist eingeteilt in Maßeinheiten, die andere ist leer. Der Verstand kann immer nur eine Seite begreifen. Aber der Mystiker erfährt das Lineal als Eines und erfährt so beide Seiten als Eines. Raum und Zeit sind die normalen Kategorien des Ich. Wir können nur raum-zeitlich denken, das haben wir als natürliche Begrenzung zu akzeptieren.

Echtes Verstehen

Wirklichkeit im Ganzen zu verstehen, Erkennen heißt: Die Fixierung auf die Ich-Individualität überwinden und sich öffnen für die göttliche Wirklichkeit, die wir wesentlich sind. Nicht ich als individuelles Wesen erkenne mich oder die Welt, sondern die Welt erkennt sich selbst in mir – in ihrer personalen Manifestation, die ich „Ich" nenne. Verstehen ist mit anderen Worten nicht das Aneignen einer objektiven Wirklichkeit durch ein subjektives Individuum, sondern Verstehen ist das Zu-Sich-Selbst-Kommen der transpersonalen Wirklichkeit, des transpersonalen Bewusstseins. Ein echtes Verstehen der Wirklichkeit setzt daher die Selbstaufgabe der Ich-Individualität voraus.

Uns finden

Alle weisen Frauen und Männer wollten die Menschen auf den Pfad dieser Erkenntnis führen, auf einen Pfad der Erfahrung des Göttlichen. Die Heilige Schrift spricht in vielen Bildern davon: Rückkehr in den Schoß des Vaters, in das Vaterhaus, in das Reich Gottes, in die himmlische Stadt Jerusalem. Das hat nichts mit Zukunft zu tun. In Wirklichkeit müssen wir nirgendwo hin: Wir haben unserer eigenen göttlichen Tiefe nur eine Chance zu geben: uns zu finden.

Das andere Welt-Bild

Aus spiritueller Sicht lässt sich dieses andere Weltbild in zwei Metaphern darstellen: Das erste Bild ist das Gleichnis von Tänzer und Tanz. Die Erste Wirklichkeit sehe ich als den Tänzer, der gleichsam das Universum tanzt. Tänzer und Tanz können nur zusammen auftreten. Es gibt keinen Tanz ohne Tänzer und keinen Tänzer ohne Tanz. Es gibt keine Form ohne Geist. Der Tanz ist zeitlos. Es gibt darin nicht Anfang und nicht Ende. Es gibt keinen Punkt Omega, auf den alles hinzielt. Jeder Moment ist das Ganze, und er ist vollkommen. Und nur im Augenblick können wir diese Wirklichkeit erfahren.

Das zweite Bild ist das einer Symphonie. Die Erste Wirklichkeit erklingt als diese Symphonie, und alle Formen und Strukturen sind die Noten, die in einer grandiosen Harmonie zusammenklingen. Da sitzt keiner außerhalb, der diese Symphonie komponiert hat und sie sich jetzt vorspielt. Er (ES) ist diese Symphonie. Sie erklingt zeitlos. Sie hat nicht begonnen und wird nicht enden. Sie kennt nicht Geburt und nicht Tod. Durch dieses andere Weltbild relativiert sich die vermeintliche Größe und Bedeutung des homo sapiens. Es muss notgedrungen zu einem anderen Menschenbild führen.

Weisheit

Die spirituellen Wege sind eine Art Zähmung und Klärung der Ratio und der Psyche, damit ein Erwachen möglich wird. Der Mensch findet dann zur Weisheit und erhält die Fähigkeit, sein Leben in Einklang mit diesem Urgrund zu leben.

Der goldene Löwe

Die mystischen Traditionen, wie Kontemplation und Zen, enthüllen uns die eine Wirklichkeit: Ein Innen und ein Außen, ein Subjekt und ein Objekt hat es von Anbeginn an nie gegeben. Der Sucher erweist sich als der Gesuchte. Ein goldener Löwe besteht aus Gold. Gold erscheint als Form eines Löwen. Kein Aspekt kann ohne den anderen sein. Warum sollten wir im Löwen also nach Gold suchen?

Die ganze Wahrheit

Auch die Eucharistie spricht von den zwei Aspekten der einen Wirklichkeit. Brot ist mehr als Brot, und Wein ist mehr als Wein. Sie sind Zeichen für die eine Wirklichkeit, Zeichen der Einheit dieses göttlichen Urgrundes und der Welt. Die Wahrheit, die in der Eucharistie verkündet wird, ist die Wahrheit der ganzen Schöpfung. Nur sind unsere Augen „gehalten", wir können die ganze Wahrheit, die Einheit nicht mit dem körperlichen Auge sehen. Auf der mystischen Ebene gibt es aber kein Gestern und Morgen, sondern nur ein Jetzt. In diesem Laut, in diesem Baum, in diesem Tier, in diesem Menschen, in diesem Bissen Brot, in diesem Schluck Wein ist die ganze Wirklichkeit präsent.

Wandlung, nicht Nachahmung

In der Kontemplation geht es um einen Wandlungsprozess und nicht so sehr um einen Nachahmungsprozess. Im Menschen soll stattfinden, was in Jesus stattgefunden hat. Er soll zum Christus werden. Christus, der ganz Gott ist und ganz Mensch, ist der Typus für jeden Menschen. Jeder ist mit der gleichen Aufgabe wie er konfrontiert. Jeder muss das Göttliche in sich ungehindert zum Ausdruck kommen lassen. Der Mensch soll Jesus gleich werden im Vollzug seines eigenen Lebens. Nicht so sehr die „Imitatio“, als vielmehr die „Conformatio“, die Gleichgestaltung, spielt dabei eine Rolle. Es geht um die Freilegung des Göttlichen in uns, so wie es in Jesus Christus offenbar war. Der Erlösungsprozess in uns zielt auf einen Christus-Werdungsprozess, was letztlich ein Ganzwerdungsprozess, ja ein „Gott-Werdungsprozess“ ist.

Erkennen, wer wir sind

Das Leben wäre so einfach, wenn wir immer erkennen könnten, wer wir sind. Wenn wir in unsern Nachbarn erkennen könnten, wer sie sind. Wenn wir ihr Strahlen, das auch durch ihre Kleider dringt, erfahren könnten. Wir sehen noch nicht, dass die ganze Welt Tabor ist – dass selbst alles Leid davon durchdrungen wird. Wir leben mit strahlenden, leuchtenden Menschen zusammen. Wir sind nur noch nicht so weit, dass wir das erkennen können. Einmal werden wir uns als Menschen so weit entwickelt haben, dass wir uns als Söhne und Töchter Gottes erkennen. Dann und nur dann wird Friede sein.

IV.

Gott – das Eine in allem

Angekommen, daheim, nichts fehlt

Leerheit, Gottheit, Nada kann auch Fülle heißen. Es ist eine Fülle, die schwanger geht mit allen Möglichkeiten. Sie enthält alle Potenzen und ist Ursprung und Schöpfung. – Angekommen, daheim, nichts fehlt. Lachen, aber es ist kein Lachen über etwas, es ist einfach Lachen. – Glück, aber es ist kein Glücklich-Sein über etwas. Grenzenlose Liebe, aber kein „Ich liebe dich". Paradoxerweise gibt es aber weder Liebe noch Hass, weder Leben noch Tod, weder Du noch Ich, keine Grenzen, nicht Raum nicht Zeit. – ES geht einher mit Leichtigkeit, Selbstverständlichkeit und Freiheit. – Alle Polarität ist aufgehoben. Nichts ist absurd, im Gegenteil, alles ist ganz selbstverständlich. Da ist der Schlag einer Trommel. Die Töne tropfen aus dem Nichts wie Perlen und verschwinden. Kein Innen, kein Außen. Ein Schluck Saft, da ist nur dieser intensive Geschmack. – Gehen, nur dieser Schritt. ES geht, ES sieht, ES fühlt, ja so widersinnig das scheint: ES denkt. Auch Gedanken perlen hervor und verlieren sich wieder." – Es ist meine Erfahrung, aber diese Erfahrung zeigt sich in all dem, was ich hier darlege und niedergeschrieben habe. Darum klingen meine Worte oft ungewöhnlich. Darum sind sie manchmal auch missverständlich. Sie kommen aus einer anderen Ebene. Wenn ich das sage, hat das nichts mit einem elitären Bewusstsein zu tun. Aber ich könnte nicht anders reden, ohne meine Erfahrung zu verleugnen.

Das Eine in allem

Die Mystik spricht von Sonne und Licht. Ohne Sonne gibt es kein Licht; oder: Quelle und Bach, Wurzel und Baum. Wer nun den Baum anschaut, kann vergessen, dass er Wurzeln hat. Wer nur den Baum anschaut, kann vergessen, dass er Wurzeln hat. Wer nur den Menschen anschaut, kann vergessen, dass Gott seine Wurzel ist. Hat nicht auch Jesus vom Weinstock und den Rebzweigen gesprochen. Damit sind auch die beiden Aspekte der Wirklichkeit klar ausgedrückt. Nicht-Zwei würde die östliche Mystik sagen. Das Eine ist in allem und alles ist auch im Einen. Die Welt ist ein heiliger Organismus. Wir haben uns leider in eine Welt verrannt, in der wir Fremdlinge geworden sind.

Tänzer und Tanz

Gott lässt sich nicht von der Evolution trennen. Gott ist Kommen und Gehen. Gott ist Geborenwerden und Sterben. Er ist der Tänzer, der die Evolution tanzt. Ein Tänzer ohne Tanz macht keinen Sinn und einen Tanz ohne Tänzer kann man ebenso wenig denken. Auf diese Weise gehören Gott und Evolution zusammen. Das eine ist ohne das andere nicht denkbar. Oder nehmen wir das Beispiel einer Symphonie: Der Kosmos ist eine Symphonie, und das, was wir „Gott" nennen, erklingt als diese Symphonie. Jeder Ort, jeder Augenblick, jedes Wesen ist eine ganz bestimmte Note, die je für sich unverzichtbar für das Ganze ist, auch wenn sie im nächsten Augenblick durch eine andere Note abgelöst wird. Alle Noten in das Ganze aus, alle Noten sind das Ganze und das, was die Ganzheit des Ganzen ausmacht, ist Gott, der als dieses Ganze erklingt.

Was wir Gott nennen

Was wir Gott nennen, ist dieses „Nichts", das sich jeden Augenblick neu in millionenfachen Formen erschafft. Es ist wie ein Baum, der viele Äste treibt und sich jeden Augenblick neu in den vielen Ästen erschafft. Es ist wie das Meer, das jeden Augenblick unzählige Wellen kreiert, ohne dass sich das Wesen des Wassers verändert. In jeder kleinsten Welle manifestiert sich der ganze Ozean. In jedem kleinsten Geschehen manifestiert sich das ganze Universum. Was wir Gott nennen, lebt sich selbst als die Milliarden Formen und auch als dieses unser ganz persönliches Leben.

Für unseren Verstand ist das schwer nachzuvollziehen. In unserem Koordinatensystem hat die Erfahrung des Seins, unseres wahren Wesens, keinen Platz. Die meisten Menschen sitzen gleichsam in einem Aquarium und drücken sich die Nasen an den Glasscheiben platt, Glasscheiben, die in Wirklichkeit gar nicht existieren. Sie könnten jederzeit in die Weite des Ozeans schwimmen. Wir sind als Spezies bereits angekommen und merken es nicht. „Bevor es Weinstock und Rebe gab, waren wir trunken vom Wein der Unsterblichkeit", sagt Rumi, der bedeutende persische Mystiker. Dieses Leben, das wir sind, wird weitergehen.

Sich selbst entfaltend

„Jeden Augenblick wird die Welt neu geboren", sagt die Mystik und geht davon aus, dass diese permanente Neuschöpfung nicht durch die Hand eines außerhalb der Evolution stehenden Schöpfers vollzogen wird, sondern aus ihr selbst heraus geschieht, ihrem eigenen Impuls folgend. Und so ist Gott aus der Sicht der mystischen oder evolutionären Theologie nicht der von außen wirkende Initiator der Evolution, sondern die Evolution ist der sich selbst entfaltende Gott.

Sinn und Gestalt

Der Mystiker erkennt den Kosmos als sinnvolle Manifestation Gottes, während sich manche Menschen dem Kosmos gegenüber verhalten wie Analphabeten gegenüber einem Gedicht: Sie zählen die einzelnen Zeichen und Worte, aber sie sind nicht imstande den Sinn zu verstehen, der dem ganzen Gedicht seine Gestalt gibt.

Gold und Ring, Gott und Mensch

Gott und Mensch verhalten sich zueinander wie Gold und Ring. Sie sind zwei ganz verschiedene Realitäten. Gold ist nicht Ring und Ring ist nicht Gold. Aber in einem goldenen Ring können sie nur zusammen auftreten. Sie sind koexistent. Das Gold braucht eine Form, um zu erscheinen, und der Ring braucht ein Material, um sichtbar zu werden. Sie sind Nicht-Zwei. Das Gold offenbart sich als Ring. So offenbart sich Gott als Mensch. Sie können nur zusammen erscheinen. Das ist für mich der Sinn der Inkarnation Jesu. Es soll darin sichtbar gemacht werden, dass alles eine Inkarnation Gottes darstellt, von den Quarks und Leptonen bis hin zu den rein geistigen Formen, von denen wir keine Ahnung haben. Wir sind „Gottesmenschen“. Ich kann auch sagen: Gott hat sich als Mensch manifestiert.

Aus der Perspektive der Mystik: Erlösung ist immer da. In der mystischen Erfahrung bricht der Mensch in sie ein.

Leben ist mehr

„Leben“ ist ein geeigneter Begriff, um die Wirklichkeit, die wir „Gott“ nennen, zu kennzeichnen. Denn auch das Leben entzieht sich unserem Zugriff. Wir wissen weder, woher es kommt noch wohin es geht. Leben ist überall und nirgendwo. Es zeigt sich in jedem einzelnen Lebewesen, aber es ist immer auch mehr als ein Lebewesen. Genauso ist es mit der Ersten Wirklichkeit. Sie ist da, ist aber nur greifbar in der Form, die sie sich gibt. Sie selbst ist Leerheit, die der Form bedarf, um zu erscheinen. Denn ohne die Leerheit könnte es auch keine Form geben, da die Form immer Form der Leerheit ist. Genauso ist es mit dem Leben: Das Leben ist in jedem Lebewesen, denn ohne Leben wäre ein Lebewesen kein Lebewesen. Aber das Leben geht nie in einem bestimmten Lebewesen auf. Es ist immer größer als das einzelne Wesen. Es kommt und geht mit den Lebewesen und bleibt doch unfassbar.

Gott in jedem Geschöpf

Wir sind göttliches Leben, das sich inkarniert hat, das Mensch geworden ist. Das ist die Botschaft von der Inkarnation Gottes in Jesus. Wie in Jesus ist dieses göttliche Prinzip in jedem von uns Mensch geworden. Gott kreiert sich selbst in jedem Augenblick. Er kreiert sich in jedem Geschöpf.

Im Menschsein erklingt das Göttliche

Unser Menschsein ist eine Form, in der das Göttliche erklingt wie in einem Instrument. Aber wir dürfen nicht am Instrument, an dieser unserer menschlichen Form hängen bleiben. Wir dürfen nicht nur unseren irdischen Geburtstag feiern. Früher feierte man unter den Christen den Tauftag. Der Tauftag ist unser eigentlicher Geburtstag. Da wurde uns gesagt, sollte uns wenigstens gesagt worden sein, wer wir sind: „Gotteskinder.“ Wie Jesus sollte uns diese Verheißung im Laufe unseres Lebens aufgehen.

Urgrund

Hier und jetzt sind wir eine einmalig einzigartige Manifestation dieses Urgrundes, dem wir Christen den Namen „Gott" gegeben haben. „Gott", damit bezeichnen wir dieses rational nicht begreifbare „Nichts", das noch keine Strukturen und Formen hat und doch der Ausgangspunkt von allem ist. So wie das Meer der Ausgangspunkt aller Wellen ist. Dieser Urgrund feiert sich als die Milliarden von Galaxien, als die Milliarden von Lichtjahren und er feiert sich als diese unsere ganz persönliche Struktur Mensch, die ein paar Jahrzehnte über dieses Staubkorn am Rande des Weltalls geht. Wir sind die Gefeierten dieses Urgrundes „Gott". Uns so zu verstehen, ist die einzige Sinndeutung dieser paar Jahrzehnte, die wir in dieser Zeitlosigkeit verbringen. Wir haben endlich zu begreifen, dass es für diesen Urgrund Gott nur dieses „Jetzt" gibt und kein Später. Das Später wäre nur wieder ein momentanes Jetzt. Denn dieser göttliche Urgrund für die Entwicklung kennt keine Zeit.

Unser Menschsein hier und jetzt zu leben, ist unser Auftrag. 99,9 % dieses Universums sind leerer Raum. Leerer Raum ist der Urgrund aller Formen. Aber dieser Raum ist nicht leer. Er ist die Quelle des Lebens. Wir sind zuerst dieser Urgrund und dann erst diese menschliche Form.

Erfahrung der Zeitlosigkeit

„Auferstehung“ bedeutet nicht ein immerwährendes Fortbestehen in einer Art goldverbrämtem Himmel. Gott ist nicht Statik. Auferstehung bedeutet Einheitserfahrung mit diesem raum- und zeitlosen Urgrund, den wir Abendländer „Gott“ nennen. Ziel ist also nicht Unsterblichkeit, sondern Erfahrung der Zeitlosigkeit unseres wahren Wesens, das sich in ganz verschiedenen Formen manifestieren kann. Auferstehung ist nicht etwas, was sich ereignet am Ende unseres Lebens, Auferstehung ist der Durchbruch in die Erfahrung, dass es Geburt und Tod nicht gibt, sondern nur einen Wechsel der Form.

Wir sind göttliches Leben

Es wird Zeit, dass wir ein neues Verständnis von Gott, Mensch und Welt zulassen. Wir sind nie außerhalb des göttlichen Stromes. Wir sind nicht Menschen, die von Zeit zu Zeit eine nichtkörperliche (mystische) Erfahrung machen, wir sind vielmehr nichtmaterielles Bewusstsein, das zeitweise eine menschliche Erfahrung macht. Christlich ausgedrückt heißt das: Wir sind göttliches Leben, das diese menschliche Erfahrung macht. Wir sind göttliches Leben, das sich inkarniert hat, das Mensch geworden ist. Daher ist es unsere wichtigste Aufgabe, ganz Mensch zu sein. Was ich Gott nenne, möchte in mir Mensch sein, zu dieser Zeit, an diesem Ort, in dieser Gestalt. Rose Ausländer gab dieser Erfahrung in ihrem Gedicht Ausdruck: „Vor seiner Geburt war Jesus auferstanden. Sterben gilt nicht für Gott und seine Kinder. Wir Auferstandene vor unserer Geburt.“

Gottessymphonie

Es gibt Menschen, die beim Lesen einer Partitur schon die Musik hören. Manche Menschen besitzen ein Organ, das hinter allen vordergründigen Formen die Wirklichkeit erfährt. Wenn sie die „Noten“, die Formen und Strukturen des konkreten Lebens sehen, hören und begreifen sie die „Symphonie Gott“, die aus allem erklingt; ganz anders erklingt, als unsere Sinne und unser Verstand sie wahrnimmt. Sie erfahren sich selbst als Klang, als eine ganz individuelle Note in dieser „Symphonie Gott“.

V.

Religionen und Mystik

Mein Ausgangspunkt

Das Christentum ist der Ausgangspunkt meines spirituellen Weges. Ich finde in der theistischen Mystik genau das Gleiche wie in der Mystik der östlichen Religionen. Mein Meister Yamada Koun hätte sich gewundert, wenn ich Buddhist geworden wäre, als ob in der buddhistischen Religion etwas wesentlich anderes zu finden wäre als im Christentum. Natürlich sehe ich die Unvollkommenheit der christlichen Religion, aber diese Unvollkommenheit finde ich in allen Religionen. Es ist ja auch bekannt, wie sehr Buddhismus und Zen im letzten Krieg in die Kriegspropaganda Japans verwickelt waren.

Aufstiege

Religionen gleichen den Aufstiegsrouten an einem Berg. Man kann den „Berg Religion“ von verschiedenen Seiten angehen. Es gibt steile Aufstiege und gemächliche. Alle führen sie aber auf den Gipfel. Wer oben angekommen ist, wird nicht sagen, er oder andere seien eine falsche Route gegangen. Er wird vielleicht darauf hinweisen, dass eine Route für den einen zu steil und für den anderen besser geeignet ist und entsprechende Empfehlungen aussprechen. Manchmal ist der längere Weg der zeitlich kürzere. Am Ende aber treffen sie sich alle auf dem Gipfel.

Zum gleichen Gipfel

Letztlich sind Bekenntnisse nur verschiedene Aufstiege, die zum gleichen Gipfel führen sollen. Die Wahrheit kann nur Eine sein. Ein spiritueller Weg lässt sich an jedem Ort gehen. Er braucht keine Religion, kein Dogma, keine organisierte Gemeinschaft, keinen Tempel und keine Kathedrale, man muss sich nicht die Haare scheren lassen und keine schwarzen Gewänder anziehen. Er lässt sich in jeder denkbaren Gesellschaftsform verwirklichen, ganz gleich, welche religiösen oder allgemeinmenschlichen Züge sie verfolgt. Alle Menschen haben eine Grundstruktur, die ihnen den mystischen Weg ermöglicht.

Ein geflügeltes Zen-Wort sagt: „Zen ist nicht in der Überlieferung der Schriften." Mystiker lehnen die Religion nicht ab. Sie verweisen nur auf das Eigentliche, das sich hinter Worten und Bildern verbirgt. Sie möchten die Urerfahrung der Ersten Wirklichkeit ganz persönlich zum Ausdruck bringen. Die Institutionen wollen das nicht hinnehmen. Daher wurde z. B. der Sufi Halladsch hingerichtet. Er sagte: „Ungläubig ward ich nun für Gottes Religion: Mir ist Unglaube Pflicht – doch schlecht bei den Muslimen! Dann sprach ER zu mir: ‚Kehre um und folge mir nicht; es könnte dir schaden!'“ D. h.: Du könntest deswegen verfolgt werden, was auch tatsächlich geschah. Oder er rief: „Ich bin der, den ich liebe, und der, den ich liebe, ist ich.“

Mystiker wählten daher oft die Sprache der Dichtung. Sie ist meist unverfänglicher, kann aber von den Eingeweihten gedeutet werden. So ist z. B. das „Hohe Lied“ im Alten Testament ein sehr profanes Liebeslied. Für den Mystiker verbergen sich darin aber innigste Erfahrungen mit Gott, dem über alles Geliebten.

In meinem Herzen

Jede Mystik ist letztlich transkonfessionell. Das führt oft zu provokativen Texten der Mystiker. Rumi sagt: „Das Kreuz und die Christen nahm ich von allen Seiten in Augenschein. Er war nicht am Kreuz. Ich ging zum Hindu-Tempel, zu der alten Pagode. An beiden Orten fand ich keine Spur von ihm. Ich ging zu den Höhen von Herat und nach Kandahar, schaute mich um. Er war nicht auf den Höhen und nicht in der Niederung. Entschlossen stieg ich zur Spitze des Kaf-Berges. Dort wohnte nur der Anqa-Vogel. Ich ging zur Kaaba und traf ihn dort nicht. Ich fragte Ibn Sina nach seinem Wesen: Er war jenseits der Definitionen des Philosophen Avicenna … Ich schaute in mein eigenes Herz. An diesem Orte sah ich ihn. Er ist an keinem anderen Ort …" Dabei war Rumi ein frommer Moslem und wollte seine Religion bestimmt nicht heruntersetzen. Aber letztlich zählte für ihn die Wahrheit, die er erfahren hatte.

Kabir drückt das gleiche in einem Gedicht so aus: „O, der du Mir dienst, wo suchst du Mich? Siehe, Ich bin bei dir. Ich bin weder im Tempel, noch in der Moschee, weder in der Kaaba noch auf dem Kailash. Weder bin Ich in Riten und Zeremonien noch in Yoga oder Entsagung. Wenn du ein wahrhaft Suchender bist, wirst du Mich sogleich sehen, Mir begegnen im gleichen Augenblick. Kabir sagt: O Sadhu! Gott ist der Atem allen Atems“

Warum noch Rituale?

Was ich erfahren habe, möchte ich auch nach außen zum Ausdruck bringen, möchte ich feiern. In den Religionen finde ich uralte Menschheitsriten, die keine einzelne Religion für sich allein beanspruchen kann. Das hat nichts mit Synkretismus zu tun, sondern mit der Einheit menschlichen Empfindens.

Warum noch „Gott" sagen? Wir brauchen als Menschen Worte und Bilder, um von dieser Wirklichkeit zu künden und diese Wirklichkeit zu feiern.

Warum noch beten? Beten aktiviert ein Naturgesetz auf einer höheren Ebene. Wer für jemand betet, wer für jemand mit Liebe und Wohlwollen da ist, aktiviert Energien des Heilens und Helfens. Es sind nicht personale Energien. Es sind kosmische Energien, die zu den evolutionären Strukturen gehören. Liebe ist das Weltbaugesetz.

Religion und Mystik

Religion hat zunächst mit Moral nichts zu tun. Ein moralisch integeres, gutes Handeln entspringt als unmittelbare Konsequenz einer mystischen Einheitserfahrung. Wenn an deren Stelle die Androhung von Höllenstrafen tritt, ist moralisches Handeln nicht mehr etwas, was aus dem Inneren des Menschen frei erwächst, sondern es wird ihm von außen aufgezwungen. Und in eben diesem Außen wird ihm dann, so er denn die Gebote befolgt, die Erlösung versprochen. Man sieht daran, wie sehr die christliche Moral von der dualen Vorstellung getragen ist, Gott sei ein außerweltliches Wesen und der Mensch müsse in dieser Welt die Gebote des externen Gottes einhalten, um im künftigen Jenseits Erlösung zu finden.

Die Mystik sagt: Der Mensch kann in der Welt Gott begegnen, und wo ihm dies widerfährt, erwächst in ihm moralisches Handeln.

Glasfenster

Religionen sind vergleichbar mit Glasfenstern. Sie bleiben dunkel, wenn sie nicht von hinten durch das Licht erhellt werden. Dieses Urlicht ist dem Verstand und den Sinnen nicht greifbar. Im Glasfenster aber bekommt es Struktur und wird für jeden Menschen erkennbar. Wir sollten jedoch nie vergessen, dass nicht das Glasfenster das Letzte ist, sondern das Licht, das dahinter leuchtet. Religion hat oft die Tendenz, ihre Anhänger auf die Strukturen des Fensters festzulegen. Nur wenige sagen ganz offen, dass heilige Schriften, Symbole und Riten nur die Finger sind, die auf den Mond zeigen, aber nicht der Mond (die Wahrheit) selbst. Die Einheit der Religionen kann nie in ihren Aussagen, Bildern, Symbolen und Liturgien liegen, sie liegt in der Erfahrung dessen, was Worte, Bilder und Riten kundtun wollen. Darum ist die wahre Einheit nur in der Mystik der Religionen zu finden. Nur wer hinter all den Strukturen die Erste Wirklichkeit erfährt, hat Sinn und Ziel der Religion verwirklicht. Es bleibt daher für die Religionen wichtig, ihre Begriffe, Symbole und Bilder durchsichtig zu halten, damit sie das, was sie offenbaren wollen, nicht verdecken. Das gilt für die vielfältigen Gruppierungen im Buddhismus und Hinduismus genau so wie für die theistischen Religionen.

Sonne und Mond

Religion ist zu vergleichen mit dem Mond, der die Erde erleuchtet, aber seine Kraft von der Sonne bekommt. Er hat aus sich heraus keine Kraft. Sein Leuchten ist nur der Widerschein der Sonne. Wenn der Mond sich zwischen Sonne und Erde schiebt, gibt es eine Sonnenfinsternis, und es wird dunkel auf der Erde. Das Göttliche ist zu vergleichen mit der Sonne. Es strahlt die Religion an, damit sie dem Menschen leuchtet und ihn im Dunkel seines Suchens begleitet. Wenn die Religion sich aber zu wichtig nimmt und sich zwischen Gott und Mensch schiebt, verdunkelt sie Gott. Es gibt eine Gottesfinsternis. Das gilt für alle Religionen. Während meines langen Aufenthaltes in Japan überraschte mich immer wieder, wie rasch junge Abendländer Buddhisten oder sogar Mönche wurden, sich die Haare scheren ließen und ein schwarzes Gewand anzogen. Sie merkten nicht, dass sie im Grunde nur wieder in ein religiöses System einstiegen.

Veränderung

Religion kann dem Menschen den Weg zeigen und sie kann ihm den Weg verstellen. Das Weltbild und Weltverständnis der Menschen verändert sich ständig. Eine Religion hat sich in der Deutung ihrer Lehren mitzuverändern. So genannte Wahrheiten werden nicht wahrer, indem man sie ständig unverändert wiederholt. Sie müssen dem jeweiligen Welt- und Lebensverständnis gerecht werden.

Unser fundamentales Dilemma besteht darin, dass jeder sich zutiefst nach Unvergänglichkeit sehnt, sich aber entsetzlich vor dem Verlust dieses vordergründigen Ich fürchtet. Es möchte ewig existieren. Weil der Mensch den Tod des Ich nicht annehmen kann, flieht er in Aktivitäten, die seine Angst überdecken sollen. Der Fehlschlag ist bereits im Ansatz vorprogrammiert. Der Mensch kann die Illusion, ewig, stabil, beständig und unsterblich zu sein, nicht aufrechterhalten. Die vermeintliche Sicherheit entpuppt sich als Täuschung.

Hinter allen Bildern und Konzepten

In ihrem Ziel sind sich die Religionen einig. Wenn man bis ins Mark vordringt, stößt man auf dieselbe Wahrheit. Sie ist nur verschieden benannt. In ihren Wegen zu dieser letzten Wahrheit und in ihrem Versuch, sie zu benennen, unterscheiden sie sich. Ich meine sogar, dass wir die Vielfalt brauchen, um möglichst viele Facetten des Göttlichen in Bildern und Worten zu erfassen. Darin liegt die Bedeutung der Religionen, die Menschen immer wieder auf

diese Wirklichkeit zu verweisen, die hinter allen Bildern und Konzepten liegt. Sie waren und sind in der Menschheitsgeschichte wichtige Wegweiser in diese andere Dimension. Dass sie ihre Aufgabe nicht voll erfüllen konnten, liegt wohl in der egozentrischen Verfasstheit des gegenwärtigen Menschen.

Der Kosmos ist eine große Symphonie, die in vielen Variationen erklingt. Niemand hat sie komponiert, niemand dirigiert sie von außen. ES erklingt als diese Symphonie. Jede Form ist eine ganz individuelle Note, einmalig und unverwechselbar. Darin liegt auch unsere Würde und Individualität.

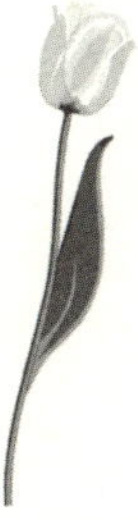

Religion ist Alltag

Religion ist der Alltag und der Alltag ist Religion. Im Alltag vollzieht sich diese „göttliche Energie“. Im Vollzug des Alltags sind wir dieser Energie am nächsten, da ist sie zu erfahren. Da ist wirklich Religion, im Sinne von „Religio“, was soviel bedeutet wie Bindung. Im Alltag erfahren wir die Einheit mit diesem „göttlichen Urgrund“. Diese Einheit zu erfahren, ist das Ziel der Kontemplation. Erleuchtung ist nichts anderes als die absichtslose Einheitserfahrung mit diesem Urgrund, der sich als Mensch manifestiert und vollzieht. Wir meinen, wir seien Gott näher, wenn wir über ihn nachdenken, Gefühle entwickeln, Rituale vollziehen, Gottesdienste halten. Das alles sind nur Mittel, um uns in die Erfahrung zu führen. Es sind Finger, die zum Mond zeigen, aber nicht der Mond selber.

VI.

Liebe ist das Weltgesetz

Überlebensfrage

Nur wer liebt, wird überleben. Ich bin fest überzeugt, dass sich alles, was wir „böse“ nennen, selbst ad absurdum führt. Es verstößt gegen das Grundprinzip der Evolution, gegen die Liebe.
Alle Mystik der Welt steht auf zwei Säulen: Erkenntnis und Liebe oder, wie sie in der östlichen Mystik meist genannt werden, Weisheit und Mitgefühl. Jede wirklich tiefe mystische Erfahrung führt in eine große Offenheit und Toleranz zu allen Lebewesen und zu einer allumfassenden Liebe. Liebe kommt aus der Erfahrung der „leeren Einheit“. Manche meinen, der Begriff der Leerheit im Zen lasse keine Liebe zu, aber es ist die Erfahrung der Leerheit, aus der die Liebe kommt. Leerheit ist das konstituierende Element der Einheitserfahrung und damit der Hinwendung zu allen Wesen. Wer sich mit allen Wesen als Eins erfährt, spürt auch den Schmerz und die Freude der anderen als den eigenen Schmerz und die eigene Freude.

Was am Ende zählt

Nicht gelebte Liebe macht krank. Liebe muss gleichsam verbraucht werden. Sonst staut sie sich an und wird am Ende zum Hass gegen die eigene Person. Sie entartet zum Narzissmus. Narziss war eine griechische Sagengestalt, der so sehr in sich selbst verliebt war, dass er immerfort ins Wasser starrte, um sein eigenes Bild zu sehen. Narziss war unfähig, mit einem anderen Menschen eine Beziehung einzugehen. Er ging an seiner aufgestauten Liebe zugrunde.

Nur die Liebe zählt. Was wir am Ende unseres Lebens in Händen haben, werden nicht unsere Leistungen und unsere Werke sein. Wir werden nicht gefragt, ob wir katholisch oder evangelisch oder sonst etwas waren. Wir werden uns zuerst und vor allem der Frage stellen müssen, wie viel wir geliebt haben.

Nicht verzückt

Kontemplation ist tiefe Erfahrung, nicht Verzückung. Sie führt zurück auf den Marktplatz des Lebens. Wirklich tiefe Erfahrung ist erfüllt mit einer universalen Liebe. Es ist nicht ein „Ich liebe dich“ und „Du liebst mich“, sondern existentielle Erfahrung der Verbundenheit und Einheit mit allem Leben.

Liebe heilt

Wir sind für das verantwortlich, was wir ausstrahlen. Und es geht immer etwas von uns aus: Wohlwollen, Abneigung, Hass, Mitleid …
Liebe beginnt nicht beim Wort und bei der Umarmung, sie beginnt in unseren Gedanken und Gefühlen, auch in den Gedanken, die wir über uns selbst haben. Selbstzerstörerische Gedanken zerstören. Die Liebe hingegen heilt offensichtlich mehr als alle anderen Mittel. Sie ist tatsächlich die beste Medizin. Das gilt nicht nur im übertragenen Sinn; denn Krankheit ist sehr oft das Symptom für einen Mangel an Zuwendung.

Gleichgewichtsverlagerung

Wenn die leeren Schalen einer Waage im Ungleichgewicht sind, behebt man diesen Fehler nicht dadurch, dass man Gewichte in die leichtere Schale legt, sondern indem man den Wiegebalken verschiebt. So muss auch die Disharmonie in der menschlichen Seele durch Verlegung des Schwerpunktes aus dem Ich in die Liebe verschoben werden.

Rabbi Jechiel fragte einmal seinen Schwiegervater: „Wie versteht man hier das Gebot ‚Du sollst nicht stehlen?'“ „Nun“, erwiderte er, „man soll seinen Mitmenschen nicht bestehlen“. „Das braucht man uns nicht mehr zu gebieten“, sagte der Rabbi, „bei uns in Kozk erklärt man's so: Man soll sich selber nicht bestehlen“. Was damit gemeint ist: Der Liebende erfährt an sich selbst, dass er dem andern Leid zufügt, wenn er diese Gebote nicht einhält. Letztlich sind Gebote nur eine Konkretisierung der Erfahrung der Einheit.

Erlösung

Wenn die Liebe einmal vom Menschen Besitz ergriffen hat, erfährt sich der Mensch als eingebunden ins Eine. Dann wird das Leid des Nachbarn zu meinem Leid und die Freude des Nachbarn zu meiner Freude. Ich helfe, weil ich mir selber helfe. Es ist der Drang, die gläserne Wand der Trennung zu durchbrechen und sich von der Eingrenzung der Individualität zu befreien. Liebe sprengt die Einsamkeit und erlöst aus dem Gefängnis der Ich-Zentrierung. Sie ist die eigentlich erlösende Kraft im Universum.

Ohne Mein und Dein

Wenn Jesus sagt: „Liebe deinen Nächsten wie dich selbst“, meint er die Liebe, die „Mein“ und „Dein“ vergessen hat.

Mitgefühl und Liebe sind die bewegende Kraft des Universums. Abgrenzung, Feindschaft, Hass, Krieg sind zuerst Mangel an Erkenntnis. Wer erkennt, wer er wirklich ist, erfährt alles Leid und alle Freude als das eigene Leid und die eigene Freude. Mystische Erkenntnis mündet in bedingungslose Liebe ein.

Liebe werden, Liebe sein

Die Sprache der Liebe ist die einzige Sprache, die alle Menschen verstehen und die uns aus der Misere helfen kann, in die wir als Spezies hineingeraten sind. Liebe ist „was die Welt im Innersten zusammenhält", sagt uns der Neurobiologe und Hirnforscher Gerald Hüther in seinem Buch über die Evolution der Liebe. Es gab und gibt in der Menschheitsgeschichte immer wieder Menschen, die diese Liebe verkörperten. Ihre Taten sind leider kaum aufgezeichnet worden. Liebende Menschen sind Halt und Trost für viele. Aber das eigentliche Ziel unseres Daseins besteht nicht darin, zu lieben, auch nicht darin, sich lieben zu lassen. Es besteht einzig und allein darin, Liebe zu werden, sagt Rabbi Moshe ben Israel. Ich möchte diese Worte ergänzen und hinzufügen: Wir haben zu begreifen, dass wir Liebe sind und die Grundstruktur des gesamten Universums Verbundenheit und Liebe ist. Die nächste Stufe unserer menschlichen Evolution wird sein, dies zu erfahren.

Eine Sprache, die alle verstehen

Über die Liebe ist viel geschrieben worden und wird noch viel geschrieben werden. Die Liebe, von der ich spreche, meint eine Ebene der Verbundenheit, auf der es kein „Ich liebe dich“ und „Du liebst mich“ mehr gibt. Es ist die Ebene der Einheit mit allem und jedem. Sie überschreitet die anthropozentrische Sicht der Welt und auch der Religionen. Sie verlässt die Egozentrik und rückt das hintergründige Eine in den Blickpunkt. In dieser Ebene wird das Ich nicht mehr als getrennt erlebt, sondern gleicht einer Welle des „göttlichen Ozeans“, untrennbar verbunden mit dem Ozean und mit allen Wellen. Niemand und nichts kann aus dieser Einheit herausfallen, auch nicht irgendein „Feind“. In dieser Ebene der mystischen Einheit, auf die alle Religionen verweisen, gestaltet sich unser Leben als Liebesgeschichte mit diesem „Urgrund Gott“. Dort erfahren wir: Liebe ist die einzige Sprache, die alle Menschen verstehen.

Die treibende Kraft

Liebe ist das Strukturprinzip der Evolution – die Bereitschaft eines Atoms, sich mit einem anderen Atom zu einem Molekül zu verbinden, die Bereitschaft der Moleküle, gemeinsam eine Zelle zu bilden, und die Bereitschaft der Zellen, zu einem größeren Organismus zu werden. Diese Bereitschaft zur Selbsttranszendenz ist überall im Kosmos erkennbar. Sie ist die eigentlich treibende Kraft des Lebens und der Evolution. Nur wer seine eigene Identität wahren und gleichzeitig über sich hinausgehen kann, hat in der Evolution eine Überlebenschance.

Nur die Liebe

Die Forschung stellte fest, dass alle Spezies, die nicht gemeinschaftsfähig waren, aus der Evolution ausgeschieden sind. Nicht ein Mangel an Intellekt, sondern eine mangelnde Bereitschaft für Gemeinschaft und Liebe beschert uns dieses weltweite Chaos. Die Wiederentdeckung dieser alles verbindenden Kraft der „Liebe“, die wir der Aufklärung, der Intellektualisierung, der Technisierung und den Wirtschafts- und Finanzsystemen geopfert haben, wäre daher die Rettung unserer Spezies.

Die Liebe macht Menschen aus uns. Wir sind für das verantwortlich, was wir ausstrahlen. Es geht immer etwas von uns aus: Wohlwollen, Abneigung, Hass, Mitgefühl. Liebe beginnt nicht beim Wort und bei der Umarmung, sie beginnt in unseren Gedanken und Gefühlen. Das gilt auch vor den Gedanken, die wir von uns selbst haben. Selbstzerstörerische Gedanken schaden nicht nur uns.

Echowand

Liebe ist das Weltbaugesetz. Wer nicht lieben kann, kann sich nicht öffnen, er kann nicht in Austausch mit anderen treten. Er kann nicht wachsen. Liebe ist Voraussetzung zum Wachsen und Reifen. Wer nicht in liebendem Austausch steht, kann nicht wachsen. Wer liebt, empfängt. Liebe ist wie der Ruf in eine Echowand. Es schallt zurück, was ich hineinrufe.

Ein Weg von innen

Es scheint, dass in jedem Menschen eine zunächst nicht näher bestimmbare Sehnsucht wohnt. Diese Sehnsucht wird oft mit Heimweh nach dem Ort bezeichnet, zu dem man letztlich gehört, den man aber noch gar nicht kennt, von dem man nur ahnt, dass es ihn gibt.

Der kontemplative Weg soll zu einem Persönlichkeitswandel führen. Aus der gewandelten Persönlichkeit kommen dann die richtigen Intentionen und Verhaltensweisen. Es ist nicht ein Weg von außen, der über gute Vorsätze führt, sondern ein Weg von innen, der mehr dem Wort eines Augustinus entspricht: „Liebe und tu was du willst." Wer wirklich durchgebrochen ist, trägt ein Gesetz in sich, dem er nicht zuwiderhandeln kann.

Eine universale Liebe erscheint

Das mündliche Gebet als Bitte, Lob oder Dank ist Dialog mit Gott. Meditation – über einen Inhalt, sei es ein Bild oder ein Schrifttext – aktiviert den Intellekt, sucht Aussagen bzw. Gedanken *über* Gott – als Gegenüber. Und es gibt die Ebene der Erfahrung: die Kontemplation. Das Ich tritt dabei zurück. Johannes vom Kreuz charakterisiert diese Ebene so: „Ich trat ein und wusst nicht wo, alles Wissen überschreitend." Mutter Teresa schreibt in ihrem Tagebuch: „Tief in meinem Innersten ist nur Leere und Dunkelheit. Ich habe keinen Glauben." Das Gegenüber tritt zurück. Es erscheint eine universale Liebe, die Mutter Teresa auch gelebt hat.

VII.

Wege der Reifung

Urvertrauen

Wir sind Mensch geworden, um zu erkennen wer wir sind, um unseren göttlichen Anteil zu erfahren. Darin sehe ich den Sinn des Lebens. Wir sind dazu da, wahre Menschen zu werden – über unser Ich hinaus zu gehen und zu erkennen, dass unser wahres Wesen das Wesen Gottes ist. Wenn ich dies sage, dann sage ich es zu Menschen, die vermutlich selbst keine mystische Erfahrung gemacht haben. Aber ich sage es ihnen dennoch, um sie dazu zu ermutigen, an die Möglichkeit einer solchen Erfahrung zu glauben und ihr Leben so einzurichten, dass sie ihnen zuteilwerden kann. Dafür ist es unerlässlich, dass ich ihnen auch intellektuell etwas anbiete, das sie nachvollziehen und worin sie sich verstehen können. Ich muss ihnen etwas an die Hand geben, worauf sie vertrauen können. Deshalb ermuntere ich die Menschen, die mit ihren Zweifeln am Sinn des Lebens zu mir kommen: „Gib' dich hinein in diesen Prozess des Lebens, und vertraue darauf, dass es der Prozess

Gott ist!“ In der herkömmlichen religiösen Sprache heißt das, sich dem Willen Gottes fügen, aber nicht zähneknirschend, sondern mit dem rückhaltlosen Urvertrauen, dass das Leben Sinn macht. Dieses Vertrauen, dieses Los-Lassen-Können, dieses Sich-Öffnen den Menschen nahezubringen, scheint mir die wichtigste Aufgabe zu sein, die sich einem spirituellen Lehrer stellt.

Werde, was du bist

Vollende deine Geburt! Das ist die Aufgabe unseres Lebens. Wir vollenden sie nicht durch Leistung, sondern durch Sein.

Geburt ist schmerzhaft, auch wenn man schon fünfzig ist. Sie ist immer voller Aufregung. Wer geboren wird, tritt in eine Welt, in der alles anders ist. Die Nabelschnur wird durchschnitten. Für die Hebamme ein kleiner Schnitt, für das Kind bedeutet es: Endgültig und für immer ist es jetzt ein selbständiger Mensch. – Ihr werdet noch oft die Nabelschnur durchschneiden müssen, wenn ihr werden wollt, was in euch angelegt ist. Die geistigen Nabelschnüre sind oft noch stärker als die natürlichen. Immer wieder versucht man festzuhalten, zu behalten, sich abzukapseln, nichts herzugeben.

Vollende deine Geburt. Werde, was du zutiefst bist!

Wachsam durch Krisen

Krisen in unserem Leben sind Zeiten des Wachstums. Wir werden aus dem Mutterschoß gestoßen, um Mensch zu werden, das ist leidvoll. Wir werden entwöhnt, das ist leidvoll. Wir müssen in die Schule zur Ausbildung, das ist leidvoll. Wir müssen aus dem Elternhaus, das ist leidvoll. Wir haben Krankheit und Altern anzunehmen, das ist leidvoll. Und dann bleibt uns nichts übrig als auch den Tod anzunehmen.

Eine neue Stufe

Was wir leidvoll nennen, ist nichts anderes als das, was wir freudvoll nennen. Unser Verstand kann das nur schwer begreifen. Aber unser tiefstes Wesen, das sich in dieser unserer leidgeplagten Person ausdrückt, kennt nicht gut und nicht böse, kennt nicht Leid und nicht Freude. Es vollzieht sich als das, was gerade ist. So wird Leid auf eine neue Stufe gehoben. Damit ist der Schmerz nicht weg. ES offenbart sich vielmehr als Schmerz. Aber Schmerz hat dann eine andere Qualität.

Der göttliche Tanz

Der Mensch wünscht sich einen Himmel, in dem es kein schlechtes Wetter, keine Zahnschmerzen, keine Erdbeben, Überschwemmungen, Kriege, Feindschaften und Probleme gibt. Aber es gibt nichts außerhalb dieses Urprinzips. Es ist alles eingeschlossen, was sich da in uns und um uns vollzieht, auch Leid, Krieg und Tod. Es gibt nichts außer diesem göttlichen Tanz. „Religiös sein“ heißt, mitzutanzen und sich als Tänzer oder Tänzerin und als Tanz zu erfahren. Es fehlt uns leider die Leichtigkeit des Lebens: die Leichtigkeit des Tanzes, die Leichtigkeit des Kommens und Gehens, des Geborenwerdens und Sterbens. Wir sind schlechte Tänzer. Wir möchten immer den Schritt machen, der nicht dran ist. Und dadurch verhaspeln wir uns.

Leid führt zusammen

Einem Menschen zur Annahme des Leides zu verhelfen ist schwer. Solche Entscheidungen sind auch für den, der sie fällen muss, oft schmerzhaft. Wer nicht selber unter einer Entscheidung und einem Rat, den er gibt, leidet, der ist sich seiner Entscheidung nicht ganz bewusst. Wer andere auf ihrem spirituellen Weg begleiten will und selber höhere Ebenen des Bewusstseins sucht, wird sie nicht erreichen ohne Leid. Es ist eine Berufung zum Leid in einer besonderen Weise. Es gibt zu viele Menschen, die sich auf einen spirituellen Weg machen und meinen, sie könnten dem Leid entgehen. Aber alle Heilswege führen durch Leid und Dunkelheit und erst durch den Abstieg in die Unterwelt zum Licht. Die Auferstehung ist die Kehrseite des Leides.

Uns im Leid gegenseitig beizustehen, halte ich für eine wichtige Aufgabe unserer Gemeinschaft. Leid führt uns zusammen.

Annehmen

Das Leben ist leidvoll. Immer wieder geraten wir in schmerzvolle Situationen. Wir können darüber einen Klagegesang anstimmen, oder wir können versuchen, sie zu unserer Reife zu nutzen. Erste Voraussetzung dafür ist Annahme: Annahme der Situation, die man momentan nicht ändern kann. Annahme des Schmerzes, Annahme der Umstände. Das hat nichts mit Fatalismus zu tun. Das heißt auch nicht, dass ich nicht zum Zahnarzt gehen soll oder zu einer Operation, wenn ich krank bin. Ganz im Gegenteil: Man kann alles tun, um den Schmerz zu lindern. Aber es gibt Situationen, in denen man nichts ändern, sondern nur annehmen kann.

Reife und Fülle

Jesus sagte einmal zu Petrus: „Ich sage dir: Als du noch jung warst, hast du dich selbst gegürtet und konntest gehen, wohin du wolltest. Wenn du aber alt geworden bist, wirst du deine Hände ausstrecken, und ein anderer wird dich gürten und dich führen, wohin du nicht willst“ (Jo 21,18). Jeder wird eines Tages schmerzlich erfahren, dass er nicht mehr gehen kann, wohin er will. Wir leben in einer Kultur, in der ‚jung sein‘ verherrlicht wird. Jeder fühlt sich verpflichtet, jung zu bleiben. Alter erhält wenig Verständnis und Unterstützung. Doch unser menschliches Leben ist ein dauerndes Werden. Ziel ist es, zur Fülle voranzuschreiten und die reife Frucht des Lebens zu ernten. Wer ewig jung bleiben will, verweigert die Reife.
Das Durchleben von Krankheit kann zu einer neuen Begegnung mit sich selber führen und zu einem ganz neuen Offensein für Gott und die Mitmenschen.

Gehen, wohin du nicht willst…

Wenn wir erst einmal die neuen Möglichkeiten entdecken, die nur das reife Alter zu geben vermag, dann wird diese Zeit nicht ein passives Dahindämmern, sondern die Erfüllung menschlicher Existenz. Gerade dann, wann dem Menschen die Initiative des Handelns aus der Hand genommen wird, ereignet sich oft das Eigentliche im Leben. Er kann dann nur noch sagen: ‚Dein Wille geschehe' und das gibt dem Meißel Gottes freie Hand, um uns die letzte Formung zu geben. Gott macht uns in dieser Zeit noch einmal ein Angebot, mit ihm in eine tiefe Gemeinschaft einzutreten. Einfach nur da sein. Ängste, Gedanken und alles, was uns treibt, loslassen. Da sein in Wohlwollen und Liebe für unsere Umgebung. Die Effektivität unseres Lebens liegt nicht mehr so sehr in der Leistung, sondern in der wohlwollenden Präsenz. Wohlwollen und Liebe strömen lassen, das ist dann unsere eigentliche Aufgabe. Wir müssen nichts vorweisen, wenn wir sterben.

Heilwege

Aussöhnung mit unserem Leben ist nicht leicht. Es bedeutet ‚ja' zu sagen zu Schmerz, zu Demütigung, zu Ungerechtigkeit, die mir angetan wurden. Die alten Verletzungen kommen noch einmal hoch. Eine Therapie kann helfen, Verletzungen zu erkennen und zu deuten. Heilung geschieht jedoch nur durch Aussöhnung mit sich selber. Rückblickend mag unser Leben einem Zickzackweg gleichen, doch vielleicht können wir nun dankbar entdecken, dass dies der Weg nach oben auf den Gipfel Gott war. Heilwege führen durch ein Labyrinth. Manche Biegung geht nach außen und scheint von der Mitte wegzuführen. Wer jedoch auf dem Weg bleibt, erreicht das Zentrum und erkennt am Ende alle Biegungen und Windungen als Wandlungsprozesse.

Wenn ich mich jetzt ganz auf diesen Grund einlasse, mich jetzt an den lebendigen Gott halte, der in mir über diese Erde geht, dann brauche ich mich nicht zu sorgen, was nach dem Tod geschieht. Das

Eine wird auch der Grund eines neuen Lebens sein, ganz gleich in welcher Form es weitergehen wird. Ob von dieser Individualität, die ich jetzt habe, etwas mit hinübergeht, braucht mich nicht zu kümmern. Ich bin hineingenommen in die göttliche Wirklichkeit. Ich lebe im Jetzt Gottes. Am Ende haben wir nur eines zu tun: loszulassen. Was wir zutiefst sind, kennt den Weg und wird sich offenbaren als das Eine, das keine Teilung kennt.

Der Weg ist das Ziel!

Hinter jeder Biegung suchte ich
und fand Dich nicht.
Wie in einem Labyrinth irrte ich umher.
Es trieb mich vom Weg ab
in die andere Richtung
wie ich meinte
nach außen
nicht zu dir,
den ich suchte.
Verzweifelt kletterte ich
über Hindernisse und Zäune
bis ich merkte,
ich war schon immer da.
Der Weg ist das Ziel!

VIII.

Loslassen befreit

Hans im Glück

Alle esoterischen Wege wissen von einer zweiten Geburt, von einer Geburt „aus Wasser und Geist", wie Jesus zu Nikodemus sagt. Es ist eine Geburt zum vollen Menschentum, zur Entfaltung aller Potenzen, die uns mitgegeben worden sind, auch der spirituellen.

Das Märchen „Hans im Glück" zeigt uns das in einer lustigen Weise. Wie der Hans im Glück habt ihr einen großen Klumpen Gold verdient: Karriere, Partner oder Partnerin, Heirat, Haus, Kinder, das ist ein schöner Klumpen Gold. Aber das ist nicht alles, habt ihr erkannt. Ihr wisst, dass ihr noch nicht angekommen seid. Im Märchen heißt es: Hans ging heim zur Mutter. Mutter ist hier so etwas wie der Vater in der Parabel von den zwei Söhnen. Es bedeutet: zu Hause, der eigentliche Platz, an den ich gehöre. Dorthin, von wo ich ausgegangen bin, nicht meine Mutterbindung.

Die Parabel vom Verlorenen Sohn im Evangelium hat ähnliche Züge. Hans geht es zwar besser als dem fortgelaufenen Sohn, der am Ende als Schweinehirt sein Leben fristet, aber das spielt keine Rolle. Ob es die Erkenntnis ist „Da draußen geht es mir schlecht“ oder die Erkenntnis „Das ist noch nicht alles“, immer ist es dieser innere Ruf, der uns ahnen lässt, dass das Leben noch auf eine andere Erfüllung wartet.

Der Mensch erkennt, dass „Heil“ nur auf dem umgekehrten Weg zu erlangen ist, auf dem Weg des Lassens. Der Goldklumpen wird eingetauscht in ein Pferd. Immer noch hängt der Hans an den Dingen. Das Gold war es nicht, vielleicht ist es das Pferd. Man kommt schnell voran, aber alles Irdische ist ein gefährliches Tier. Es wirft einen leicht ab. Träumen, die uns wie im Auto voranbringen, sollten wir misstrauen. Der Weg zu Fuß ist in der Mystik immer noch der sicherste. – Dann kommt die Kuh, sie gibt Milch, aber sie wird doch zur schlechten Weggefährtin. – Dann das Schwein. Aber es ist möglicherweise Diebesgut, gewaschenes Geld, erspieltes Geld, unlauter erworbenes Geld. – Dann die Gans. Ein Festtagsbraten. Gänsefett für ein halbes Jahr. – Der Scherenschleifer als Symbolfigur des einfachen Lebens. Redlicher Verdienst. Die Erkenntnis, dass es die einfachen Dinge des Lebens sind. Schließlich reicht ein Wetzstein. Und der fällt in den tiefen Brunnen. – Der Wetzstein, das letzte Stück, versinkt. Hans kniet nieder, heißt es im Märchen, und betet: „Ich danke dir, Gott, dass du mich von allen unnötigen Dingen befreit hast“. Unbegreiflich, jetzt ist Hans der glücklichste Mensch. Er konnte alles lassen und ist jetzt frei.

Zieh deine Schuhe aus!

Mose geht auf den brennenden Dornbusch zu und hört die Stimme: „Zieh deine Schuhe aus.“ Wenn schon Moses sich dem brennenden Dornbusch so lange nicht nähern konnte, bis er seine Schuhe ausgezogen hatte, warum solltest du dich dann nicht erst von jedem deiner durch Leidenschaft verursachten Gedanken lösen, damit du dem Einen dich nähern kannst, der jenseits aller Gedanken und Begriffe ist? Lass alles zurück, was dich hindert an einer bildlosen Erfahrung der Wirklichkeit. Gott ist nicht in Konzepten und Bildern. Ohne kontemplative Erfahrung gibt es keine wirkliche Erkenntnis Gottes.

Zieh deine Schuhe aus! Wir sind eine ganz individuelle Schachfigur, als die sich dieser Urgrund spielt. Wir sind Bauer, Läufer, König, Königin, und wir spielen leidenschaftlich dieses Spiel. Aber wir haben zu begreifen, dass wir die Gespielten sind, dass sich etwas viel Umfassenderes selbst als diese Figur spielt. Spieler und Spielfigur sind eins.

Die Note verklingt, die Musik klingt weiter

Du bist eine ganz individuelle Note in dieser „Symphonie Gott" und hast als diese „Musik Gott" zu ertönen. Die Note verklingt, die Musik, die wir sind, diese Symphonie klingt weiter, über unseren Tod hinaus. Wir sind die Gespielten eines großen Spielers. Wir sind göttliches Leben, das diese menschliche Erfahrung macht. Wir sind göttliches Leben, das sich inkarniert hat, das Mensch geworden ist, das sich eingegrenzt hat als diese Form. Das ist die Botschaft von der Inkarnation Gottes in Jesus. Wie in Jesus ist dieses göttliche Prinzip in jedem von uns Mensch geworden. Und darum wollen wir nicht vergessen, die Erde zwischen unseren Zehen zu spüren und den Boden unter unseren Füßen. Ein Staubkorn im Weltall, ein Wimpernschlag in diesem zeitlosen Jetzt, das auch in der Sinnlichkeit erscheint.

Wir sind die Getanzten

Ziehe deine Schuhe aus und trete nackt vor den brennenden Dornbusch der Leerheit. Lass Scham und Schuld, sei einfach da. Dann wird der brennende Dornbusch deine Vergangenheit und deine Zukunft ausbrennen. Und im zeitlosen Jetzt wirst du den heiligen Grund unter deinen Füßen spüren, auf dem du schon immer gestanden bist. Das Universum ist nichts anderes als ein „Bewusstseinsfeld, das wir Gott nennen", das sich immer wieder materialisiert. Es kreiert sich als unsere menschliche Gestalt und als das Universum. Es möchte als diese Form Mensch sein. Das ist der einzige Grund, warum ich hier bin. Wir sind ein unverwechselbarer Tanzschritt dieses Tänzers Gott, einmalig, einzigartig, absolut wichtig. Wir sind die Getanzten. Gott tanzt sich als diesen Schritt, der ich bin.

Wandel in Gottes Gegenwart

In einem Zenkloster verneigt man sich, bevor man den Besen zur Hand nimmt und damit kehrt. Nicht ich kehre, die Urwirklichkeit, die Leerheit fegt als diese Struktur Mensch. In einem Kontemplationskurs und einem Zen-Sesshin bedeutet Gehen und sogar das Essen eine Fortsetzung der Präsenz, die man im ruhigen Sitzen praktiziert. In einem Benediktinerkloster legt man bei jedem Stundenschlag für eine Minute der Besinnung das Werkzeug aus der Hand oder lässt die Hände vom Computer. »Wandel in Gottes Gegenwart« heißt das in der christlichen Deutung.

Nur das zeitlose Jetzt

Wir sind so, wie wir sind, der Vollzug des Göttlichen. Es offenbart sich im Baum als Baum, im Tier als Tier, im Menschen als Mensch. Wir sind „Gottmenschen“. – Nur wer den Dornbusch brennen sieht, nur wer hinter seine Ichstruktur schauen lernt, wird seine Schuhe ausziehen! Die Religion von morgen führt uns entweder auf die mystische Ebene, oder wir werden die Deutung unseres Lebens nicht erfahren können. Der Mensch von morgen wird die rationale Eingrenzung überschreiten. Und wenn er erwacht, erwacht er zur Liebe; nicht zu einer personalen Liebe, sondern zu einer existenziellen Liebe, in die der Feind genau so eingeschlossen ist wie der Freund. Der Mensch erwacht in eine universale Verbundenheit. Unser Innerstes ist ungeboren und unzerstörbar. Dieses Urwissen sagt uns Menschen, dass wir nur in diesem zeitlosen Urgrund Sinn und Deutung unseres Lebens finden. Vor Gott gibt es kein Später, sondern nur das zeitlose Jetzt.

Das gilt auch für uns

Jesus predigte eine innere Erfahrung Gottes. Die Begebenheit von Jesus am Jakobsbrunnen in Samaria zeigt das ganz klar. Im Johannesevangelium ist geschrieben: „Wenn du wüsstest, worin die Gabe Gottes besteht, dann hättest du gebeten und er hätte dir lebendiges Wasser gegeben". Wasser ist bei Jesus ein Symbol für diese göttliche Wirklichkeit in uns. „Wer von dem Wasser trinkt, das ich ihm geben werde, wird niemals mehr Durst haben; vielmehr wird das Wasser, das ich ihm gebe, in ihm zur sprudelnden Quelle werden, deren Wasser ewiges Leben schenkt." Jesus wird eingeführt mit den Worten: „Er kündete die Frohbotschaft vom Reich." „Das Reich Gottes ist in euch." „Philippus, wer mich sieht, sieht den Vater." „Bevor Abraham ward, bin ich." Das alles sind Worte, die auf seine Einheitserfahrung mit dem „Vater" hindeuten. „Vater" ist die Bezeichnung Jesu für diesen Urgrund Gott. Im Nachtgespräch mit Nikodemus erfahren wir das Gleiche. Du musst wiedergeboren werden, erklärt Jesus Nikodemus, dann kannst Du dein wahres Wesen erfahren. Wem diese Metanoia, diese Wende nach innen, gelingt, der erfährt, dass er eins ist mit diesem Urprinzip, das wir Christen Gott nennen. Jesus ist der Typus, an dem wir erkennen sollen, wer wir sind. Denn alle Aussagen über Jesus gelten auch für uns. Er hat diese Erfahrung nirgendwo für sich allein in Anspruch genommen.

Heraus aus dem Ego-Tunnel

Wir stellen uns gern unser Ich als etwas Eigenständiges vor, als einen Kern, der wir im Innersten sind. Dabei wissen wir mittlerweile, dass wir über keinen dauerhaften Ichzustand verfügen.

Wir müssen aus dem „Egotunnel" heraus, um zu erfahren, wer wir wirklich sind. Unsere wahre Identität liegt dahinter. Was bleibt, wenn unser Ich nicht mehr dominiert? Es bleibt uns das, was wir wirklich sind. Es bleibt uns der Urgrund. Es bleibt das Licht, das die Farben des Regenbogens hervorbringt, das Licht, das in einer Kathedrale die verschiedenen Glasfenster erleuchtet. Zieh deine Schuhe aus. Lass deine Vorstellungen von einem Gott da draußen los, dann wirst du das „Ich bin" erfahren, das hinter allen Worten und Bildern steht.

Loslassen, Preis für Reife

Die meisten Menschen wollen die Pein des Loslassens nicht annehmen. Sie vergeben sich damit die Gelegenheit zum Wachsen und Reifen. Sie bleiben lieber in ihren alten Mustern und versäumen die Chance und die Freude einer Wiedergeburt zum vollen Menschentum.

Die wirkliche Freude des Lebens kommt durch das Aufgeben und Loslassen von letztlich unhaltbaren Positionen. Wer etwas loslassen kann, wird dafür mehr gewinnen. Loslassen ist der Preis für Reife und Weisheit. Die Pein des Sterbens ist die Pein der Neugeburt. Ein altes Konzept, eine alte Theorie, eine Lebensweise, eine Weltsicht muss sterben. Tod und Geburt sind nichts anderes als zwei verschiedene Seiten einer Münze.

Wenn man gerufen wird

Im Sterbeprozess geht es darum, unser Ich loszulassen. Da ist kein Richter, der auf uns wartet, sondern einzig ein Erkennen und Begreifen von Wirklichkeit auf einer neuen Ebene. Auch eine Rückschau auf das, was war. Ich durfte in einer Nahtodeserfahrung an dieser Schwelle stehen. Da waren nur noch Wohlwollen und Liebe, Geborgenheit und Einheit, jedoch kein Ich. Das klingt absurd. Eine Erfahrung ohne Ich, gibt es das? Wer oder was hat da noch erfahren? Als das Ich wiederkam, wäre ich gerne über die Schwelle gegangen, doch es wurde mir klar beschieden: Wollen kann man nicht, man muss gerufen werden.

IX.

Der Weg in die Stille

Weg der Erfahrung

Wir müssen auf eine Ebene der Wahrnehmung kommen, die weiter ist, offener und breiter als meine rationale Wahrnehmung. Die Stille ist ein Weg, auf dem ich in diese Erfahrungsebene gelangen kann. Ich gehe in die Stille und versuche mein Ich ruhigzustellen, damit etwas auftauchen kann, was ich zutiefst bin und was aber durch mein Ich verdeckt wird. Die Stille, die Ruhe ist die Möglichkeit, aus der Ichtyrranei herauszutreten und in unsere eigentliche menschliche Ebene zu kommen.

Wo ihr zu Hause seid

Die meisten Menschen erfahren zunächst in der Stille alles, was sie verdeckt oder verdrängt haben. Es ist gut, dass das hochkommt – nur so kann ich mich damit auch auseinandersetzen. Ich sage den Menschen dann: Das gehört zu euch. Aber ihr seid das nicht. Ihr müsst den Punkt finden, wo ihr wirklich zu Hause seid. Wenn ihr dort ankommt, gebt ihr auch all den Verletzungen und Enttäuschungen eine andere Deutung.

Krankhaft

Wer einen spirituellen Weg geht, stellt bald fest, dass er nicht Herr im eigenen Haus ist. Was wir unser Ego nennen, zerrt uns hierhin und dorthin. Viele Menschen merken das zum ersten Mal, wenn sie sich zum Meditieren niedersetzen. Sie erkennen, dass dieses Ich sich verselbständigen kann. Es kommt mit immer neuen Angeboten von Außen und von Innen. Es lässt uns nicht zur Ruhe kommen. Wir werden durch diese Impulse wie von einer anderen Kraft gelebt. Im Alltag denkt und arbeitet das Ich nur für sich. Sorgen, Intentionen, Erinnerungen, die Arbeit, die Partei, die Familie, Haus, Auto, Aktien, Konto, Probleme besetzen uns. – Wir setzen dieses Getrenntsein vom Gegenüber, sei es gedanklich oder physisch, einfach voraus, so als seien wir von allen anderen getrennte Wesen. Was immer die Herrschaft des Ich bedroht, bekämpft es und was seine Macht erweitert, ergreift es begierig.

Übungswege

Alle wirklich spirituellen Wege arbeiten mit einer dieser beiden Formen: Bewusstseinsvereinheitlichung und Bewusstseinsentleerung. Ich brauche einen Focus, an dem ich mein streunendes Bewusstsein festmache. Ich kehre z. B. immer wieder zurück zum Atem. Immer wieder dieser Atemzug. Manche kehren zurück zu einem Laut. Oder immer wieder zu diesem einen Wort. Zum Jesusgebet etwa. Im Zen arbeitet man mit MU: Man hat einen Kern, zu dem man immer wieder zurückkehrt, bis dieser Kern sich öffnet in eine tiefere Erfahrung. Wenn ich immer wieder beim Atem bleibe, geschieht etwas mit mir. Es öffnet sich eine Ebene, die ich sonst nicht erreiche. Und dann Bewusstseinsentleerung: Alles, was in meinem Bewusstsein auftaucht, darf auftauchen. Ich nehme es zur Kenntnis. Lasse es aber stehen. Gehe wieder in das Erfahren der Stille und der Leere. Man kann das im Alltag üben, muss aber einmal den Weg gezeigt bekommen, dass es und wie es geht.

Stille heilt

Nur auf die Stille achten, die Stille hören! Bis wir in der Stille arbeiten können, sprechen können, bis die Ruhe der Hintergrund geworden ist, auf dem sich alles zeigt. Gehen in der Stille, arbeiten in der Stille, warten in der Stille, am Bus, in der Einkaufschlange, beim Arzt, im Lärm des Verkehrs.
Die Stille heilt. Sie ist das einzige wirkliche Mittel gegen Stress. Die Ruhe macht etwas mit uns. Ungeahnte Kräfte liegen in der Ruhe, ordnende, heilende, harmonisierende Kräfte. Sagt uns nicht schon die Astrophysik, dass in den leeren Räumen des Universums die stärksten Energien zu Hause sind?

Stille eint

Die Stille kann zum Gebet werden. Gott die Stille anbieten. Die Stille eint, sie eint auch mit Gott, viel mehr als Worte. Wie antwortete doch der Pfarrer von Ars auf die Frage, was er denn so lange in der Kirche mache: „Er schaut mich an und ich schaue ihn an." Schauen, ohne etwas Bestimmtes sehen zu wollen. Reines Offensein. Eine Blume anschauen, ohne sie zu zerlegen in Farbe und Form. Einen Baum, einen Menschen aufnehmen, wie er ist, ohne Wertung, ohne Urteil, ohne ihn einzusortieren in unsere Denkmuster und Schubladen. Die Welt offenbart sich aufs Neue.

Rat für den Anfänger

Was ich einem Anfänger rate? Such dir einen Ort, an dem du nicht gestört wirst. Schließe die Augen und entspann dich. Töne innerlich das Wort Jesus, Shalom oder deinen Namen. Lade das Wort auf mit Hingabe und Liebe zu Gott. Wenn du abgelenkt wirst, kehre immer wieder zu diesem einen Wort zurück. Halte diese Gebetsübung 20 Minuten, einmal oder zweimal am Tag, durch. Folge der Übung auch manchmal mitten im geschäftigen Alltag.

Quellenverzeichnis

Die zitierten Texte sind den nachfolgend aufgeführten Publikationen von Willigis Jäger entnommen. Die angeführten Seitenzahlen beziehen sich auf das Vorkommen der Texte im vorliegenden Band:

„Aufbruch in ein neues Land. Erfahrungen eines spirituellen Lebens“. Hg. von Christoph Quarch und Cornelius von Collande. Herder Spektrum, Freiburg 2001: S. 9f., 12, 24, 27, 29, 31, 38, 42, 51, 52, 59, 69, 74, 80, 92, 93, 94, 95, 96, 97, 104 ff., 115, 120, 122, 123.

„Geh den inneren Weg. Texte der Achtsamkeit und Kontemplation“. Herder Spektrum, Freiburg 2003: S. 8, 58, 60 f., 62 f., 64, 66 f., 68, 70 f., 102.

„Kontemplation – ein spiritueller Weg“, Verlag Kreuz, Freiburg 2010: S. 11, 15, 16 f., 110, 35, 36, 37, 44 f., 72, 81, 82, 87, 107, 108, 109, 113, 112, 113 f.

„Erwachen zum Menschsein, in: Eine Mystik, viele Stimmen. Leben aus der Spiritualität des Herzens“. Hg. und eingeleitet von Christoph Quarch und Gabriele Hartlieb, Herder Spektrum, Freiburg 2004, S. 19, 32 f., 75, 77, 78, 79.

„Die Welle ist das Meer. Mystische Spiritualität". Hg. von Christoph Quarch, Kreuz-Verlag 2010: S. 20 f., 30, 40 f., 43, 46, 47, 48, 49, 50, 65, 83, 90 f.

Benediktushof. Unterwegs Nr. 3/2004. S. 18; Nr. 1/2005: S. 98, 99, 100 f.; Nr. 1/2006: S. 55, 116; Nr. 1/2009: S. 34; Nr. 3/2009: S. 84, 85, 86; Nr. 1/2010: S. 56; Nr. 3/2010: S. 53 f.

„Kontemplation": Rudolf Walter im Gespräch mit Willigis Jäger, in: einfach leben. Ein Brief von Anselm Grün, 9/2010, hg. von Rudolf Walter, Freiburg 2010: S. 14, 22 f., 26, 28, 76, 88, 118, 119, 121, 124.

Willigis Jäger OSB, Begründer des Benediktushofes in Holzkirchen, Zentrum für spirituelle Wege. Mitbegründer und Initiator zahlreicher Zentren in Deutschland und Europa. Er wurde sowohl von japanischen wie auch von chinesischen Zen-Linien als Zen-Meister bestätigt. Gründer der Zenlinie „Leere Wolke". Erneuerer der abendländischen Kontemplation und Gründer einer eigenen Kontemplationslinie „Wolke des Nichtwissens". Er begleitet weltweit zahlreiche Menschen auf ihrem spirituellen Weg. Unter seinen Publikationen bei Kreuz: „Kontemplation – ein spiritueller Weg"; zusammen mit Christoph Quarch „Die Welle ist das Meer".